T0355814

El arte de hacer dinero

P. T. Barnum

El arte de hacer dinero

EDICIONES OBELISCO

Si este libro le ha interesado y desea que le mantengamos informado de
nuestras publicaciones, escríbanos indicándonos qué temas son de su interés
(Astrología, Autoayuda, Psicología, Artes Marciales, Naturismo,
Espiritualidad, Tradición…) y gustosamente le complaceremos.

Puede consultar nuestro catálogo en www.edicionesobelisco.com

Colección Éxito
EL ARTE DE HACER DINERO
P. T. Barnum

1.ª edición: noviembre de 2024

Título original: *The Art of Money Getting*

Traducción: *Equipo editorial*
Corrección: *Sara Moreno*
Diseño de cubierta: *Carol Briceño*

© 2024, Ediciones Obelisco, S. L.
(Reservados los derechos para la presente edición)

Edita: Ediciones Obelisco, S. L.
Collita, 23-25. Pol. Ind. Molí de la Bastida
08191 Rubí - Barcelona - España
Tel. 93 309 85 25 - Fax 93 309 85 23
E-mail: info@edicionesobelisco.com

ISBN: 978-84-1172-196-7
DL B 12472-2024

Printed in Spain

Impreso en España en los talleres gráficos de Romanyà/Valls S. A.
Verdaguer, 1 - 08786 Capellades (Barcelona)

En Estados Unidos, donde tenemos más tierra que habitantes, a las personas que gozan de buena salud no les es nada difícil ganar dinero. En este campo comparativamente nuevo hay tantas vías de éxito abiertas, tantas vocaciones que no son multitudinarias, que cualquier persona de cualquier sexo que esté dispuesta, al menos por el momento, a dedicarse a cualquier ocupación respetable que se ofrezca, puede encontrar un empleo lucrativo.

Aquellos que realmente desean alcanzar una independencia económica, sólo tienen que proponérselo y adoptar los medios apropiados, como lo harían con cualquier otro objeto que deseen lograr, y la cosa es fácil de hacer. Pero por muy fácil que resulte ganar dinero, no dudo de que muchos de mis lectores estarán de acuerdo en que lo más difícil del mundo es conservarlo.

El camino hacia la riqueza es, como bien dice el doctor Franklin, «tan llano como el camino al molino». Consiste simplemente en gastar menos de lo que ganamos; ése parece ser un problema muy simple. El señor Micawber, una de esas felices creaciones del genial Dickens, expone el caso vigorosamente cuando dice que tener un ingreso anual de veinte libras por año y gastar veinte libras y seis peniques es ser el más miserable de los hombres; mientras que, tener un ingreso de veinte libras y gastar sólo diecinueve libras y seis peniques es ser el más feliz de los mortales. Muchos de mis lectores pueden decir, «Lo entendemos: esto es economía, y sabemos que la economía es riqueza; sabemos que no podemos comernos nuestro pastel y también guardarlo». Sin embargo, me permito decir que tal vez la mayoría de casos de fracaso surgen de errores en este punto que en casi cualquier otro. El hecho es que mucha gente cree que entiende de economía cuando en realidad no es así.

La verdadera economía está mal entendida, y la gente va por la vida sin comprender bien lo que es ese principio. Uno dice: «Yo tengo un ingreso de tanto, y aquí está mi vecino que tiene lo mismo; sin embargo, cada año él saca algo adelante y yo me quedo corto; ¿por qué es así? Lo sé todo sobre economía». Cree que lo sabe, pero no es así. Hay hombres que piensan que la economía consiste en guardar el último trozo de queso y los cabos de las velas, en recortar dos peniques de la cuenta de la lavandería y en hacer toda clase de cosas pequeñas, mezquinas y sucias. La economía no es mezquindad. La desgracia es, también, que esta clase de personas dejan que su economía se aplique en una sola dirección. Creen que son tan maravillosamente ahorrativos al ahorrar medio penique donde deberían gastar dos peniques, que piensan que pueden permitirse despilfarrar en otras direcciones. Hace algunos años, antes de que se descubriera o se pensara en el aceite de queroseno, uno podía pasar la noche en casi cualquier casa de granjero en los distritos agrícolas y conseguir una cena muy buena, pero después de la cena podía intentar leer en la sala de estar, y le resultaría imposible con la ineficaz luz de una vela. La anfitriona, viendo su dilema, diría: «Es bastante difícil leer aquí por las tardes; el proverbio dice que "debes tener un barco en el mar para poder quemar dos velas a la vez"; nunca tenemos una vela extra excepto en ocasiones extra». Estas ocasiones extras ocurren, quizás, dos veces al año. De esta manera la buena mujer ahorra cinco, seis o diez dólares en ese tiempo: pero la información que podría derivarse de tener la luz extra, por supuesto, superaría con creces una tonelada de velas.

Pero los problemas no acaban aquí. Creyendo que es tan ahorradora en velas de sebo, piensa que puede permitirse ir con frecuencia al pueblo y gastar veinte o treinta dólares en cintas y puntillas, muchas de las cuales no son necesarias. Este falso ahorro puede verse a menudo en los hombres de negocios, y en esos casos se extiende a menudo al papel de escribir. Se encuentran buenos hombres de negocios que guardan todos los sobres viejos y retazos, y no romperían una hoja de papel nueva, si pudieran evitarlo, por nada del mundo. Todo esto está muy bien; puede que de este modo ahorren cinco o diez dólares al año, pero al ser tan ahorradores (sólo en papel de cartas), creen que pueden permitirse perder el tiempo; dar costosas fiestas y conducir lujosos carruajes. Éstos son ejemplos del doctor Franklin: «Ahorrar en el grifo y desperdiciar en el tapón del barril»; «Tacaño con el penique y derrochador con la libra». Punch, al hablar de esta clase de gente de «una sola idea», dice que «son como el hombre que compró un arenque de un penique para la cena de su familia y luego contrató un carruaje de cuatro para llevarlo a casa». Nunca conocí a un hombre que tuviera éxito practicando este tipo de economía.La verdadera economía consiste en hacer siempre que los ingresos superen a los gastos. Usar la ropa vieja un poco más si es necesario; prescindir del nuevo par de guantes; remendar el vestido viejo: vivir con comida más sencilla si es necesario; de modo que, en todas las circunstancias, a menos que ocurra algún accidente imprevisto, habrá un margen a favor de los ingresos. Un penique aquí y un dólar allá, colocados a interés, se van acumulando, y de esta manera se alcanza el resultado deseado. Tal vez sea necesario cierto entrenamiento para lograr esta economía, pero una vez acostumbrado a ella, descubrirás que hay más satisfacción en el ahorro racional que en el gasto irracional. He aquí una receta que recomiendo: he descubierto que es un remedio excelente contra la extravagancia y, sobre todo, contra la economía errónea: cuando veas que no tienes excedentes al final del año y, sin embargo, tienes buenos ingresos, te aconsejo que cojas unas cuantas hojas de papel, hagas con ellas un libro y anotes cada gasto. Anótalo cada día o cada semana en dos columnas, una titulada «necesidades» o incluso «comodidades», y la otra titulada «lujos», y comprobarás que la segunda columna será el doble, el triple, y con frecuencia diez veces mayor que la primera. Las verdaderas comodidades de la vida no cuestan más que una pequeña parte de lo que la mayoría de nosotros puede ganar. El doctor Franklin dice que «son los ojos de los demás y no nuestros propios ojos los que nos arruinan. Si todo el mundo fuera ciego excepto yo mismo, no me preocuparía por la ropa o los muebles finos». Es el miedo a lo que pueda decir la señora Grundy lo que hace que muchas familias dignas tengan que trabajar a destajo. En América, a muchas personas les gusta repetir que «todos somos libres e iguales», pero es un gran error en más de un sentido.

Que nacemos «libres e iguales» es una verdad gloriosa en un sentido; sin embargo, no todos nacemos igualmente ricos, y nunca lo seremos. Uno puede decir: «Hay un hombre que tiene una renta de cincuenta mil dólares anuales, mientras que yo no tengo más que mil dólares; conocí a ese hombre cuando era pobre como yo; ahora es rico y se cree mejor que yo; le demostraré que soy tan bueno como él; iré y me compraré un caballo y una calesa; no, no puedo hacerlo, pero iré y alquilaré uno y cabalgaré esta tarde por el mismo camino que él, y así le demostraré que soy tan bueno como él».

Amigo mío, no necesitas tomarte esa molestia; puedes demostrar fácilmente que eres «tan bueno como él»; sólo tienes que comportarte tan bien como él; pero no puedes hacer creer a nadie que eres tan rico como él. Además, si te das esos «aires», y además pierdes el tiempo y gastas el dinero, tu pobre esposa se verá obligada a deslomarse en casa, y a comprar el té de cincuenta en cincuenta gramos, y todo lo demás en proporción, para que puedas mantener las «apariencias» y, después de todo, no engañar a nadie. Por otro lado, la señora Smith puede decir que su vecina de al lado se casó con Johnson por su dinero, «todo el mundo lo dice». Tiene un bonito chal de pelo de camello de mil dólares, y hará que Smith le consiga uno de imitación, y se sentará en un banco justo al lado de su vecina en la iglesia, para demostrar que es su igual. Mi buena mujer, no avanzarás en el mundo si tu vanidad y tu envidia toman así la delantera. En este país, donde creemos que debe gobernar la mayoría, ignoramos ese principio en lo que respecta a la moda, y dejamos que un puñado de personas, que se llaman a sí mismas «la aristocracia», establezcan un falso estándar de perfección; y en el esfuerzo por elevarnos a ese estándar, nos mantenemos constantemente pobres, todo el tiempo trabajando en aras de las apariencias externas. Cuánto más sabio sería que fuésemos una «ley para nosotros mismos» y decir: «Regularemos nuestros gastos según nuestros ingresos, y guardaremos algo para los tiempos difíciles». La gente debería ser tan sensata en el tema de la obtención de dinero como en cualquier otro. Causas similares producen efectos similares. No se puede acumular una fortuna tomando el camino que lleva a la pobreza. No es necesario que ningún profeta nos diga que aquellos que viven plenamente de acuerdo con sus medios, sin pensar en un revés en esta vida, nunca pueden alcanzar una independencia pecuniaria. Los hombres y las mujeres acostumbrados a satisfacer todos sus caprichos y antojos encontrarán difícil, al principio, reducir sus diversos gastos innecesarios, y sentirán que es una gran abnegación vivir en una casa más pequeña de lo que han estado acostumbrados, con muebles menos caros, menos compañía, ropa menos costosa, menos sirvientes, menos bailes, fiestas, idas al teatro, paseos en carruaje, excursiones de placer, fumar puros, beber licor y otras extravagancias. Pero, después de todo, si prueban el plan de guardar un «colchón», o, en otras palabras, una pequeña suma de dinero, a interés o juiciosamente invertida en tierras, se sorprenderán del placer que se deriva de añadir constantemente a su pequeño «montón», así como de todos los hábitos económicos que se engendran con este rumbo.

El traje viejo, y el sombrero y vestido viejos, servirán para otra temporada; el agua del grifo o de manantial sabe mejor que el champán; un baño frío y un paseo a paso ligero resultarán más estimulantes que un paseo en el mejor carruaje; una charla social, una velada de lectura en el círculo familiar, o una hora de juego de a la zapatilla por detrás y el de la gallinita ciega serán mucho más agradables que una fiesta de cincuenta o quinientos dólares, cuando la reflexión sobre la diferencia de coste es complacida por aquellos que empiezan a conocer los placeres del ahorro. Miles de hombres se mantienen pobres, y decenas de miles se convierten en tales después de haber adquirido lo suficiente para mantenerse bien durante toda la vida, como consecuencia de establecer sus planes de vida sobre una plataforma demasiado amplia. Algunas familias gastan veinte mil dólares al año, y algunas mucho más, y apenas sabrían cómo vivir con menos, mientras que otras se aseguran un disfrute más sólido frecuentemente con una vigésima parte de esa cantidad. La prosperidad es una prueba más severa que la adversidad, especialmente la prosperidad repentina. «Lo que fácil viene, fácil se va», es un proverbio antiguo y verdadero. Un espíritu de orgullo y vanidad, cuando se le permite tener pleno dominio, es el gusano que roe las entrañas mismas de las posesiones mundanas de un hombre, ya sean pequeñas o grandes, cientos o millones. Muchas personas, cuando empiezan a prosperar, inmediatamente expanden sus ideas y comienzan a gastar en lujos, hasta que en poco tiempo sus gastos se tragan sus ingresos, y se arruinan en sus ridículos intentos de mantener las apariencias y causar «sensación».Conozco a un caballero de fortuna que dice que, cuando empezó a prosperar, su mujer quería un sofá nuevo y elegante. «¡Ese sofá –dice– me costó treinta mil dólares!». Cuando el sofá llegó a la casa, se vio la necesidad de conseguir sillas a juego; luego aparadores, alfombras y mesas «para que combinasen» con ellos, y así sucesivamente con todo el mobiliario; cuando al final vimos que la propia casa era demasiado pequeña y anticuada para los muebles, y construimos una nueva para corresponder a las nuevas compras; de este modo –añadió mi amigo–, se sumó un desembolso de treinta mil dólares causado por ese único sofá, y se me cargó a mí, en forma de criados, equipaje y los gastos necesarios para mantener una lujosa "residencia", un desembolso anual de once mil dólares, y eso ajustándome mucho; mientras que, hace diez años, vivíamos con mucha más comodidad real, con muchas menos preocupaciones y menos cientos de dólares. La verdad es, continuó, «que el sofá me habría llevado a la bancarrota inevitable si cierto dominio de la prosperidad sin parangón no me hubiera mantenido por encima de ella, y si no hubiera frenado el deseo natural de "cortar por lo sano"». La base del éxito en la vida es la buena salud: ése es el sustrato de la fortuna; también es la base de la felicidad. Una persona no puede acumular una fortuna cuando está enferma. No tiene ambición; no tiene incentivo; no tiene fuerza. Por supuesto, hay quienes tienen mala salud y no pueden evitarlo: no se puede esperar que tales personas puedan acumular fortuna, pero hay muchísimas con mala salud que no tienen por qué tenerla. Si la buena salud es la base del éxito y de la felicidad en la vida, ¡qué importante es que estudiemos las leyes de la salud, que no es sino otra expresión de las leyes de la naturaleza! Cuanto más nos atenemos a las leyes de la naturaleza, más cerca estamos de la buena salud, y, sin embargo, cuántas personas hay que no prestan atención a las leyes naturales, sino que las transgreden absolutamente, incluso en contra de su propia inclinación natural. Debemos saber que el «pecado de ignorancia» nunca es ignorado en lo que se refiere a la violación de las leyes de la naturaleza; su infracción siempre acarrea el castigo. Un niño puede meter su dedo en las llamas sin saber que se quemará, y así sufre; el arrepentimiento, incluso, no detendrá a los inteligentes. Muchos de nuestros antepasados sabían muy poco sobre el principio de la ventilación. No sabían mucho sobre ventilación, y por lo tanto construyeron sus casas con pequeños dormitorios de dos por tres metros, y estos buenos y piadosos puritanos se encerraban en una de estas celdas, rezaban sus oraciones y se iban a la cama. Por la mañana devotamente daban gracias por la «preservación de su vida» durante la noche, y nadie tenía mejor razón para estar agradecido. Probablemente alguna rendija en la ventana o en la puerta dejaba entrar un poco de aire fresco, y así los salvaba. Muchas personas violan a sabiendas las leyes de la naturaleza en contra de sus mejores impulsos, en aras de la moda. Por ejemplo, hay una cosa que ningún ser viviente, excepto un vil gusano, ha amado nunca naturalmente, y es el tabaco; sin embargo, cuántas personas hay que deliberadamente entrenan un apetito antinatural, y superan esta aversión implantada por el tabaco, hasta tal punto que llegan a amarlo. Se han apoderado de una hierba venenosa y asquerosa, o mejor dicho, ella se apodera firmemente de ellos. Hay hombres casados que van por ahí escupiendo jugo de tabaco en la alfombra y en el suelo, y a veces incluso sobre sus esposas. No echan a sus mujeres a patadas como los borrachos, pero sus esposas, no me cabe duda, a menudo desearían que estuvieran fuera de casa. Otra característica peligrosa es que este apetito artificial, como los celos, «crece por aquello de lo que se alimenta»; cuando se ama lo que no es natural, se crea un apetito más fuerte por lo dañino que el deseo natural por lo inofensivo. Hay un viejo proverbio que dice que «el hábito es la segunda naturaleza», pero un hábito artificial es más fuerte que la naturaleza. Tomemos, por ejemplo, un viejo mascador de tabaco; su amor por el «tabaco de mascar» es más fuerte que su amor por cualquier tipo particular de alimento. Puede renunciar al rosbif más fácilmente que a la hierba. Los jóvenes lamentan no ser hombres; les gustaría acostarse como niños y levantarse como hombres; y para conseguirlo copian los malos hábitos de sus mayores. Los pequeños Tommy y Johnny ven a sus padres o tíos fumar en pipa, y dicen: «Si yo pudiera hacer eso, también sería un hombre; el tío John ha salido y ha dejado su pipa de tabaco, probémosla». Cogen una cerilla, la encienden y dan una calada. «Aprenderemos a fumar; ¿te gusta, Johnny?». El muchacho responde con tristeza: «No mucho; sabe amargo»; poco a poco palidece, pero persiste y pronto ofrece un sacrificio en el altar de la moda; pero los chicos se aferran a ello y perseveran hasta que por fin vencen sus apetitos naturales y se convierten en víctimas de gustos adquiridos. Hablo «por experiencia», porque he notado sus efectos en mí mismo, habiendo llegado a fumar diez o quince cigarros al día; aunque no he usado la hierba durante los últimos catorce años, y nunca volveré a hacerlo. Cuanto más fuma un hombre, más ansía fumar; el último cigarro fumado simplemente excita el deseo de otro, y así incesantemente.

Por ejemplo, el que masca tabaco. Por la mañana, cuando se levanta, se mete un trozo en la boca y la mantiene allí todo el día, sin sacarlo nunca excepto para cambiarlo por uno nuevo, o cuando va a comer; ¡oh! sí, a intervalos durante el día y la noche, muchos masticadores sacan el tabaco y lo mantienen en la mano el tiempo suficiente para beber un trago, y luego lo vuelven a introducir. Esto demuestra simplemente que el apetito por el ron es aún más fuerte que el del tabaco. Cuando el mascador de tabaco va a tu casa de campo y le enseñas tu viñedo y tus frutales, y las bellezas de tu jardín, cuando le ofreces fruta fresca y madura y le dices: «amigo mío, aquí tengo las manzanas, las peras, los melocotones y los albaricoques más deliciosos; los he importado de España, Francia e Italia; fíjate en esas deliciosas uvas; no hay nada más sabroso ni más sano que la fruta madura, así que sírvete; quiero verte deleitarte con estas cosas»; él pasará su amado tabaco bajo la lengua y contestará: «No, gracias, tengo tabaco en la boca». Su paladar se ha narcotizado con la nociva hierba, y ha perdido, en gran medida, el delicado y envidiable gusto por las frutas. Esto demuestra los hábitos caros, inútiles y perjudiciales que adquieren los hombres. Hablo por experiencia. He fumado hasta temblar como una hoja de álamo, la sangre se me subió a la cabeza y tuve una palpitación del corazón que pensé que era una enfermedad cardíaca, hasta que casi me muero del susto. Cuando consulté a mi médico, me dijo: «Deja el tabaco». No sólo estaba perjudicando mi salud y gastando mucho dinero, sino que estaba dando un mal ejemplo. Obedecí su consejo. ¡Ningún joven en el mundo se veía tan hermoso como él creía detrás de un cigarro de quince centavos o de una pipa de espuma de mar!

Estas observaciones se aplican con una fuerza diez veces mayor al consumo de bebidas embriagantes. Para ganar dinero se necesita un cerebro lúcido. Un hombre tiene que ver que dos y dos son cuatro; debe trazar todos sus planes con reflexión y previsión, y examinar de cerca todos los detalles y los entresijos del negocio. Así como ningún hombre puede tener éxito en los negocios a menos que tenga un cerebro que le permita trazar sus planes, y la razón que le guíe en su ejecución, así también, no importa cuán pródigamente un hombre pueda ser bendecido con inteligencia, si el cerebro está embrollado, y su juicio deformado por las bebidas embriagantes, es imposible que lleve a cabo negocios con éxito. ¡Cuántas buenas oportunidades han pasado, para no volver jamás, mientras un hombre tomaba una «copa social» con sus amigos! Cuántos negocios tontos se han hecho bajo la influencia de la «nervina», que temporalmente hace creer a su víctima que es rica. Cuántas oportunidades importantes se han aplazado hasta mañana, y después para siempre, porque la copa de vino ha sumido al sistema en un estado de lasitud, neutralizando las energías tan esenciales para el éxito en los negocios. En verdad, «el vino es un burlador». El uso de bebidas alcohólicas como una bebida es tanto una obsesión como lo es el fumar opio por los chinos, y el primero es tan destructivo para el éxito del hombre de negocios como el segundo. Es un mal sin paliativos, totalmente indefendible a la luz de la filosofía, la religión o el sentido común. Es el origen de casi todos los demás males de nuestro país.

NO TE EQUIVOQUES DE VOCACIÓN

El plan más seguro y el que garantiza el éxito para el joven que comienza su vida es elegir la vocación que mejor se adapte a sus gustos. Los padres y tutores son a menudo demasiado negligentes a este respecto. Es muy común que un padre diga, por ejemplo: «Tengo cinco hijos. Haré de Billy un clérigo; de John, un abogado; de Tom, un médico, y de Dick, un granjero». Entonces va a la ciudad y mira a su alrededor para ver qué va a hacer con Sammy. Vuelve a casa y dice: «Sammy, veo que la relojería es un buen negocio; creo que te haré orfebre». Y lo hace, sin tener en cuenta las inclinaciones naturales de Sam, o su genio. Todos nacemos, sin duda, para un propósito sabio. Hay tanta diversidad en nuestro cerebro como en nuestro rostro. Algunos nacen mecánicos naturales, mientras que otros tienen una gran aversión a la maquinaria. Reúnanse una docena de muchachos de diez años, y pronto observarás que dos o tres están «montando» algún ingenioso artefacto, trabajando con cerraduras o maquinaria complicada. Cuando sólo tenían cinco años, su padre no podía encontrar un juguete que les gustara tanto como un rompecabezas. Son mecánicos natos; pero los otros ocho o nueve muchachos tienen aptitudes diferentes. Yo pertenezco a esta última clase; nunca tuve el menor amor por la mecánica; al contrario, siento una especie de aborrecimiento por las máquinas complicadas. Nunca tuve el ingenio suficiente para montar un grifo de sidra de modo que no goteara. Nunca pude hacer una pluma con la que pudiera escribir, ni entender el principio de una máquina de vapor. Si un hombre tomara a un muchacho como yo e intentara hacer de él un relojero, el muchacho podría, después de un aprendizaje de cinco o siete años, ser capaz de desarmar y armar un reloj; pero durante toda su vida estaría trabajando cuesta arriba y buscando cualquier excusa para dejar su trabajo y perder el tiempo. La relojería le repugna.

A menos que un hombre entre en la vocación prevista para él por la naturaleza, y mejor adaptada a su genio peculiar, no puede tener éxito. Me complace creer que la mayoría de las personas encuentran su vocación correcta. Sin embargo, vemos a muchos que han equivocado su vocación, desde el herrero hasta el clérigo. Veréis, por ejemplo, a ese extraordinario lingüista, el «herrero erudito», que debería haber sido profesor de idiomas; y habréis visto abogados, médicos y clérigos que estaban mejor dotados por naturaleza para el yunque o la piedra.

SELECCIONA EL LUGAR ADECUADO

Después de asegurarte la vocación adecuada, debes tener cuidado de elegir el lugar adecuado. Puede que estés hecho para ser hotelero, y dicen que se necesita un genio para «saber cómo mantener un hotel». Puedes dirigir un hotel como un reloj, y atender satisfactoriamente a quinientos huéspedes cada día; sin embargo, si ubicas tu negocio en un pequeño pueblo donde no hay comunicación por ferrocarril o viajes públicos, la ubicación sería tu ruina. Es igualmente importante que no comiences un negocio donde ya hay suficientes para satisfacer todas las demandas en la misma ocupación. Recuerdo un caso que ilustra este tema. Cuando estuve en Londres en 1858, pasaba por Holborn con un amigo inglés y llegué a los «*penny shows*». Tenían inmensas caricaturas afuera, retratando las maravillosas curiosidades que se podían ver «todo por un penique». Estando yo un poco en la «línea del espectáculo», dije «Entremos aquí». Pronto nos encontramos en presencia del ilustre *showman*, y demostró ser el hombre más agudo que jamás había conocido. Nos contó algunas historias extraordinarias sobre sus mujeres barbudas, sus albinos y sus armadillos, que apenas podíamos creer, pero pensamos que «era mejor creerlo que buscar pruebas». Finalmente nos llamó la atención sobre algunas estatuas de cera, y nos mostró un montón de las figuras de cera más sucias e inmundas que se puedan imaginar. Parecía como si no hubieran visto el agua desde el diluvio.

—¿Qué hay de maravilloso en estas estatuas? –le pregunté.

—Le ruego que no hable tan satíricamente –replicó–. Señor, éstas no son figuras de cera de Madame Tussaud, todas cubiertas de dorado y oropel y diamantes de imitación, y copiadas de grabados y fotografías. Las mías, señor, fueron tomadas del natural. Cada vez que mire una de esas figuras, puede considerar que está mirando al individuo vivo. Mirándolas casualmente, vi una con la etiqueta «Enrique VIII», y sintiendo un poco de curiosidad al ver que se parecía a Calvin Edson, el esqueleto viviente, dije:

—¿Llama a eso «Enrique VIII»?

Respondió:

—Por supuesto, señor; fue tomado en vida en Hampton Court, por orden especial de su majestad; en tal día.

Habrían dado las tantas de la noche yo me hubiera resistido; le dije:

—Todo el mundo sabe que Enrique VIII era un viejo rey muy corpulento, y esa figura es delgada y flaca; ¿qué dice a eso?

—Pues –replicó– que usted también estaría delgado y flaco si se sentara ahí tanto tiempo como él.

Era imposible resistirse a tales argumentos.

Dije a mi amigo inglés:

—Salgamos; no le digas quién soy; si me presento a mí mismo es capaz de agredirme.

Nos siguió hasta la puerta y, al ver a la chusma en la calle, gritó:

—Señoras y señores, les ruego que presten atención al respetable carácter de mis visitantes. –Señalándonos mientras nos alejábamos.

Un par de días después, me encontré con él, le dije quién era y le comenté:—Amigo mío, es usted un excelente *showman*, pero ha elegido el lugar inadecuado.

Me contestó:

—Es cierto, señor; siento que aquí todo mi talento se ha echado a perder; pero ¿qué puedo hacer?

—Puede irse a América –le contesté–. Allí podrá dar rienda suelta a sus facultades; en América encontrará mucho espacio; le contrataré por dos años; después podrá establecerse por tu cuenta.

Aceptó mi oferta y permaneció dos años en mi museo de Nueva York. Después se fue a Nueva Orleans y durante el verano se dedicó a un espectáculo ambulante. Hoy vale sesenta mil dólares, simplemente porque eligió la vocación correcta y también se aseguró el lugar adecuado. El viejo proverbio dice: «tres mudanzas son tan malas como un incendio», pero cuando un hombre está en el fuego, poco importa cuán pronto o cuán a menudo se mude.

EVITA LAS DEUDAS

Los jóvenes que empiezan su vida deben evitar endeudarse. No hay casi nada que arrastre tanto a una persona como las deudas. Es una posición servil, y sin embargo encontramos a muchos jóvenes, apenas salidos de la adolescencia, endeudados. Se encuentran con un amigo y le dicen: «Mira esto: me han fiado un traje nuevo». Parecen considerar la ropa como algo que le han regalado; bien, a menudo es así, pero, si alguien consigue pagar y luego le vuelven a fiar, está adoptando un hábito que le mantendrá en la pobreza durante toda la vida. Las deudas le roban a un hombre el respeto por sí mismo y hacen que casi se desprecie. Gruñe, gime y trabaja por lo que se ha comido o gastado, y ahora, cuando se le pide que pague, no tiene nada que mostrar por su dinero; esto se llama propiamente «malgastar esfuerzos». No hablo de los comerciantes que compran y venden a crédito, ni de los que compran a crédito para obtener un beneficio de la compra. El viejo cuáquero le dijo a su hijo granjero: «John, nunca te endeudes; pero si te prestan algo, que sea "estiércol", porque eso te ayudará a devolverlo».

El señor Beecher aconsejó a los jóvenes que se endeudaran, si podían, por una pequeña cantidad en la compra de tierras, en los distritos rurales. «Si un joven –dice– sólo se endeuda por algo de tierra y luego se casa, estas dos cosas lo mantendrán derecho, o nada lo hará». Esto puede ser seguro hasta cierto punto, pero endeudarte por lo que comes, bebes y vistes debe evitarse. Algunas familias tienen la tonta costumbre de obtener crédito en «las tiendas», y así compran con frecuencia muchas cosas de las que se podría haber prescindido. Está muy bien decir: «Tengo crédito para sesenta días, y si no tengo el dinero el acreedor no pensará nada al respecto». No hay nadie en el mundo que tenga tan buena memoria como los acreedores. Cuando pasen los sesenta días, tendrás que pagar. Si no pagas, romperás tu promesa, y probablemente recurras a una falsedad. Puedes inventar alguna excusa o endeudarte en otra parte para pagarlo, pero eso sólo te involucra más profundamente. Un joven apuesto y perezoso era el aprendiz Horacio. Su patrón le dijo: «Horacio, ¿has visto alguna vez un caracol?». «Creo que sí», respondió. «Entonces te lo habrás encontrado de frente, porque estoy seguro de que nunca has adelantado a uno», dijo el jefe. Tu acreedor se encontrará contigo o te adelantará y te dirá: «Ahora, mi joven amigo, acordaste pagarme; no lo has hecho, debes darme tu pagaré». Das el pagaré con intereses y empieza a trabajar contra ti; «estás malgastando esfuerzos». El acreedor se acuesta por la noche y se despierta por la mañana mejor que cuando se acostó, porque su interés ha aumentado durante la noche, pero tú te empobreces mientras duermes, porque el interés se acumula en tu contra. El dinero es en algunos aspectos como el fuego; es un excelente sirviente, pero un terrible amo. Cuando lo tienes dominándote, cuando los intereses se acumulan constantemente contra ti, te mantendrá en la peor clase de esclavitud. Pero deja que el dinero trabaje para ti, y tendrás el sirviente más devoto del mundo. No es un «sirviente infiel». No hay nada animado o inanimado que trabaje tan fielmente como el dinero cuando se coloca a interés, bien asegurado. Trabaja de noche y de día, y en tiempo húmedo o seco.

Nací en Connecticut, el estado de la ley del descanso dominical, donde los viejos puritanos tenían leyes tan rígidas que se decía que «multaban a un hombre por besar a su mujer en domingo». Sin embargo, estos viejos puritanos ricos tenían miles de dólares a interés, y el sábado por la noche valían cierta cantidad; el domingo iban a la iglesia y cumplían con todos los deberes de un cristiano. Al despertar el lunes por la mañana, se encontrarían considerablemente más ricos que la noche del sábado anterior, simplemente porque su dinero colocado a interés había trabajado fielmente para ellos todo el domingo, de acuerdo con la ley. No dejes que trabaje en tu contra; si lo haces, no tendrás ninguna posibilidad de éxito en la vida en lo que al dinero se refiere. John Randolph, el excéntrico virginiano, exclamó una vez en el Congreso: «Señor presidente, he descubierto la piedra filosofal: paga por lo que usas». Esto está, en efecto, más cerca de la piedra filosofal de lo que ningún alquimista haya llegado jamás.

PERSEVERA

Cuando un hombre está en el camino correcto, debe perseverar. Hablo de esto porque hay algunas personas que «nacen cansadas»; son perezosas por naturaleza y no poseen confianza en sí mismas ni perseverancia. Pero pueden cultivar estas cualidades, como dijo David Crockett: «Esto recuérdalo cuando esté muerto: asegúrate de tener razón, luego sigue adelante». Es esta perseverancia, esta determinación de no dejar que los «horrores» o la «melancolía» se apoderen de ti, para hacerte relajar tus energías en la lucha por la independencia, lo que debes cultivar. Cuántos han estado a punto de alcanzar la meta de su ambición, pero, habiendo perdido la fe en sí mismos, han relajado sus energías, y el premio de oro se ha perdido para siempre. Es, sin duda, a menudo cierto, como dice Shakespeare: «Hay una marea en los asuntos de los hombres, que, tomada en la crecida, conduce a la fortuna». Si vacilas, alguna mano más audaz se extenderá ante ti y obtendrá el premio.

Recuerda el proverbio de Salomón: «Se empobrece el que obra con mano negligente; pero la mano del diligente enriquece». La perseverancia a veces no es más que otra palabra para la autosuficiencia. Muchas personas miran naturalmente el lado oscuro de la vida, y piden prestados los problemas. Nacen así. Luego piden consejo, y serán gobernados por un viento y soplados por otro, y no pueden confiar en sí mismos.

Hasta que no seas capaz de confiar en ti mismo, no esperes tener éxito. He conocido a hombres, personalmente, que se han encontrado con reveses pecuniarios y llegaron a suicidarse, porque pensaban que nunca podrían superar su desgracia. Pero he conocido a otros que se han encontrado con dificultades financieras más serias y las han superado con simple perseverancia, ayudados por la firme creencia de que estaban haciendo lo justo, y que la Providencia «vencería el mal con el bien». Verás esto ilustrado en cualquier esfera de la vida.

Tomemos a dos generales; ambos entienden de tácticas militares, ambos han sido educados en West Point, ambos están igualmente dotados; sin embargo, uno, tiene este principio de perseverancia, y el otro carece de él; el primero tendrá éxito en su profesión, mientras que el segundo fracasará. Uno puede escuchar el grito, «El enemigo se acerca, y tienen cañones». «¿Tienen cañones?», dice el general vacilante. «Sí». «Entonces deténganse todos». Quiere tiempo para reflexionar; su vacilación es su ruina; el enemigo pasa sin ser molestado, o lo abruma. Mientras que por otro lado, el general de coraje, perseverancia y confianza en sí mismo, va a la batalla con una voluntad, y, en medio del choque de armas, el estruendo de los cañones, los gritos de los heridos y los gemidos de los moribundos, verás a este hombre perseverar, seguir adelante, cortar y acuchillar su camino con determinación inquebrantable, inspirando a sus soldados a actos de fortaleza, valor y triunfo.

HAGAS LO QUE HAGAS, HAZLO CON TODAS TUS FUERZAS

Trabaja en ello, si es necesario, mañana y noche, en temporada y fuera de temporada, sin dejar una piedra sin remover, y nunca posponiendo por una sola hora lo que se puede hacer igual de bien ahora. El viejo proverbio está lleno de verdad y significado: «todo lo que vale la pena hacerse, vale la pena hacerlo bien». Muchos hombres adquieren una fortuna haciendo su negocio a fondo, mientras que su vecino permanece pobre de por vida, porque sólo lo hace a medias. Ambición, energía, industria, perseverancia, son requisitos indispensables para el éxito en los negocios. La fortuna siempre favorece a los valientes, y nunca ayuda a un hombre que no se ayuda a sí mismo. No servirá de nada pasar el tiempo como el señor Micawber, esperando que «aparezca algo». A tales hombres les suele «aparecer» una de dos cosas: el asilo o la cárcel; porque la ociosidad engendra malos hábitos y viste al hombre con harapos. El pobre vagabundo derrochador le dice a un rico:

—He descubierto que en el mundo hay dinero suficiente para todos, si se repartiera a partes iguales; hagámoslo y todos juntos seremos felices.

—Pero –fue la respuesta– si todos fueran como tú, se lo gastarían en dos meses, ¿y qué harías entonces?

—¡Oh! dividir de nuevo; seguir dividiendo, por supuesto.

Hace poco leí en un periódico londinense el relato de un indigente filosófico al que echaron de una pensión barata porque no podía pagar la cuenta, pero llevaba un rollo de papeles en el bolsillo del abrigo que, al examinarlo, resultó ser su plan para pagar la deuda nacional de Inglaterra sin la ayuda de un penique. La gente tiene que hacer como dijo Cromwell: «No sólo confiar en la Providencia, sino mantener la pólvora seca». Haz tu parte del trabajo, o no podrás tener éxito.

Mahoma, una noche, mientras acampaba en el desierto, oyó a uno de sus fatigados seguidores decir:

—¡Soltaré mi camello y se lo confiaré a Dios!

—No, no, no es así –dijo el profeta–, ata tu camello y confíalo a Dios».

Haced todo lo que podáis por vosotros mismos, y luego confiad el resto a la Providencia, o a la suerte, o como queráis llamarla.

DEPENDE DE TUS PROPIOS ESFUERZOS PERSONALES

El ojo del empleador vale a menudo más que las manos de una docena de empleados. En la naturaleza de las cosas, un agente no puede ser tan fiel a su empleador como a sí mismo. Mucho empresarios recordarán casos en los que los mejores empleados han pasado por alto puntos importantes que no podrían haber escapado a su propia observación como propietario. Ningún hombre tiene derecho a esperar tener éxito en la vida a menos que entienda su negocio, y nadie puede entender su negocio a fondo a menos que lo aprenda por aplicación personal y experiencia. Un hombre puede ser un fabricante: tiene que aprender los muchos detalles de su negocio personalmente; aprenderá algo cada día, y se dará cuenta de que cometerá errores casi todos los días. Y estos mismos errores le ayudarán a adquirir experiencia si les presta atención. Será como el vendedor de hojalata yanqui que, habiendo sido engañado en cuanto a la calidad en la compra de su mercancía, dijo: «Está bien, hay que aprender algo cada día; nunca seré engañado de esa manera otra vez». Así es como un hombre compra su experiencia, y es la mejor clase si no se compra a un precio demasiado caro. Sostengo que todo hombre debería, como Cuvier, el naturalista francés, conocer a fondo su oficio. Tan experto era en el estudio de la historia natural, que podías traerle el hueso, o incluso una sección de un hueso de un animal que nunca hubiera visto descrito, y, razonando por analogía, sería capaz de dibujar la criatura de la que se había tomado el hueso. En una ocasión, sus alumnos intentaron engañarle. Enrollaron a uno de ellos en una piel de vaca y lo colocaron bajo la mesa del profesor como un nuevo espécimen. Cuando el filósofo entró en la sala, algunos de los alumnos le preguntaron qué animal era. De repente, el animal dijo: «Soy el diablo y os voy a comer». Era natural que Cuvier quisiera clasificar a esta criatura, y examinándola atentamente, dijo: «Pezuña dividida; graminívoro. No puede ser». Sabía que un animal con pezuña dividida debía vivir de hierba y grano, o de otro tipo de vegetación, y no se inclinaría a comer carne, viva o muerta, por lo que se consideró perfectamente seguro. La posesión de un conocimiento perfecto de su negocio es una necesidad absoluta para asegurar el éxito. Entre las máximas del mayor de los Rothschild había una que era aparente paradoja: «Sé cauto y audaz». Parece una contradicción, pero no lo es, y hay una gran sabiduría en la máxima. Es, de hecho, una declaración condensada de lo que ya he dicho. Es decir: «debes ser cauto al trazar tus planes, pero audaz al llevarlos a cabo». Un hombre que es todo cautela nunca se atreverá a afianzarse y tener éxito; y un hombre que es todo audacia es simplemente imprudente y finalmente fracasará. Un hombre puede «cambiar» y ganar cincuenta o cien mil dólares especulando con acciones en una sola operación. Pero si tiene simple audacia sin precaución, es mera casualidad, y lo que gana hoy lo perderá mañana. Debes tener tanto la precaución como la audacia para asegurar el éxito. Los Rothschild tienen otra máxima: «Nunca tengas nada que ver con un hombre o un lugar desafortunado». Es decir, nunca tengas nada que ver con un hombre o un lugar que nunca tiene éxito, porque, aunque un hombre pueda parecer honesto e inteligente, si intenta tal o cual cosa y siempre fracasa, es debido a algún defecto o debilidad que puede que no seas capaz de descubrir, pero que, sin embargo, debe existir. La suerte no existe en el mundo. Nunca hubo un hombre que saliera por la mañana y encontrara un monedero lleno de oro en la calle hoy, y otro mañana, y así día tras día: puede que lo haga una vez en su vida; pero en lo que se refiere a la mera suerte, está tan expuesto a perderla como a encontrarla.

«Causas semejantes producen efectos semejantes». Si un hombre adopta los métodos adecuados para tener éxito, la «suerte» no se lo impedirá. Si no tiene éxito, hay razones para ello, aunque, tal vez, no sea capaz de verlas.

UTILIZA LAS MEJORES HERRAMIENTAS

Los hombres a la hora de contratar empleados deben tener cuidado de conseguir lo mejor. Hay que entender que no se pueden tener herramientas de trabajo demasiado buenas, y no hay ninguna herramienta con la que se deba ser tan exigente como con las herramientas vivas. Si consigues una buena, es mejor conservarla que cambiarla. Aprende algo cada día, y tú te beneficias de la experiencia que adquiere. Vale más para ti este año que el anterior, y es el último hombre del que desprenderse, siempre que sus hábitos sean buenos y continúe siendo fiel. Si, a medida que se vuelve más valioso, exige un aumento exorbitante de salario, en el supuesto de que puedas prescindir de él, déjalo ir. Siempre que tengo un empleado así, lo despido; primero, para convencerlo de que su puesto puede ser suplido, y segundo, porque no sirve para nada si piensa que es inestimable y no se puede prescindir de él. Pero lo conservaría, si fuera posible, para aprovechar el resultado de su experiencia. Un elemento importante en un empleado es el cerebro. Se pueden ver carteles que dicen «Se busca mano de obra», pero las «manos» no valen mucho sin las «cabezas».

El señor Beecher lo ilustra así de sabiamente. Un empleado ofrece sus servicios diciendo:

—Tengo un par de manos y uno de mis dedos piensa.

—Eso está muy bien –dice el empleador.

Llega otro hombre y dice:

—Tengo dos dedos que piensan.

—¡Ah! eso está mejor.

Pero llega un tercero y dice que «todos sus dedos y pulgares piensan». Mejor aún. Finalmente, otro interviene y dice:

—Tengo un cerebro que piensa; pienso por todas partes; ¡soy un hombre que piensa además de un hombre que trabaja!

—Usted es el hombre que quiero –dice el empleador encantado.

Los hombres que tienen cerebro y experiencia son, por lo tanto, los más valiosos y de los que no hay que desprenderse fácilmente; es mejor para ellos, así como para ti, mantenerlos, con aumentos razonables en sus salarios de vez en cuando.

NO TE PONGAS POR ENCIMA
DE TU NEGOCIO

Los hombres jóvenes, después de haber terminado su formación de negocios, o aprendizaje, en vez de seguir su vocación y ascender en sus negocios, a menudo mienten acerca de no hacer nada. Dicen:

—He aprendido mi negocio, pero no voy a ser un asalariado; ¿cuál es el objeto de aprender mi oficio o profesión, a menos que me establezca por mí mismo?

—¿Tienes capital para empezar?

—No, pero voy a tenerlo.

—¿Cómo vas a conseguirlo?

—Te lo diré confidencialmente: tengo una tía rica que morirá muy pronto; pero si no muere, espero encontrar a algún viejo rico que me preste unos cuantos miles para empezar. Si consigo el dinero para empezar, me irá bien.

No hay mayor error que cuando un joven cree que tendrá éxito con dinero prestado. ¿Por qué? Porque la experiencia de cada hombre coincide con la del señor Astor, quien dijo: «Le fue más difícil acumular sus primeros mil dólares que todos los millones sucesivos que conformaron su colosal fortuna». El dinero no sirve para nada si no se conoce su valor por la experiencia. Dale a un muchacho veinte mil dólares y ponlo a hacer negocios, y lo más probable es que pierda hasta el último dólar antes de cumplir un año. Es como comprar un billete de lotería y sacar un premio, es «fácil viene, fácil se va». No conoce su valor; nada vale nada, a menos que cueste esfuerzo. Sin abnegación y economía; paciencia y perseverancia, y comenzando con un capital que no se ha ganado, no es seguro que se logre acumular nada. Los jóvenes, en vez de «esperar la herencia», deberían ponerse manos a la obra, porque no hay nadie que sea tan poco complaciente con la muerte como estos viejos ricos, y es una suerte para los herederos que así sea. Nueve de cada diez de los hombres ricos de nuestro país hoy en día, comenzaron su vida como niños pobres, con voluntad decidida, industria, perseverancia, economía y buenas costumbres. Fueron poco a poco, hicieron su propio dinero y lo ahorraron; y ésta es la mejor manera de adquirir una fortuna. Stephen Girard comenzó su vida como un pobre grumete y murió con una fortuna de nueve millones de dólares. A. T. Stewart era un pobre chico irlandés; y pagó impuestos sobre un millón y medio de dólares de ingresos por año. John Jacob Astor fue un pobre granjero y murió con un patrimonio de veinte millones de dólares. Cornelius Vanderbilt comenzó su vida remando un bote de Staten Island a Nueva York; le regaló a nuestro Gobierno un barco de vapor que valía un millón de dólares, y murió valiendo cincuenta millones. «No hay camino real al aprendizaje», dice el proverbio, y puedo decir que es igualmente cierto, «no hay camino real a la riqueza». Pero creo que hay un camino real para ambos. El camino hacia el aprendizaje es un camino real; el camino que permite al estudiante expandir su intelecto y añadir cada día a su acervo de conocimientos, hasta que, en el agradable proceso de crecimiento intelectual, es capaz de resolver los problemas más profundos, contar las estrellas, analizar cada átomo del globo y medir el firmamento, éste es un camino real, y es el único camino que vale la pena recorrer. Así que con respecto a la riqueza, avanza con confianza, estudia las reglas y, por encima de todas las cosas, estudia la naturaleza humana; porque «el estudio apropiado de la humanidad es el hombre», y descubrirás que mientras expandes el intelecto y los músculos, tu experiencia ampliada te permitirá cada día acumular más y más capital, que se incrementará por intereses y otros medios, hasta que llegues a un estado de independencia. Verás que, en general, los pobres se hacen ricos y los ricos pobres. Por ejemplo, un hombre rico, al fallecer, deja un gran patrimonio a su familia. Sus hijos mayores, que le han ayudado a ganar su fortuna, conocen por experiencia el valor del dinero, y toman su herencia y la aumentan. Las herencias de los niños pequeños se colocan a interés, y a los muchachitos se les da palmaditas en la espalda, y se les dice una docena de veces al día: «Eres rico; nunca tendrás que trabajar, siempre podrás tener lo que desees, porque naciste en una cuna de oro». El joven heredero pronto descubre lo que eso significa; tiene los mejores vestidos y juguetes; lo atiborran de caramelos de azúcar y casi «lo matan de bondades», y pasa de escuela en escuela, acariciado y halagado. Se vuelve arrogante y engreído, abusa de sus profesores y se sale siempre con la suya. No sabe nada del valor real del dinero, ya que nunca lo ha ganado, pero lo sabe todo sobre el negocio de la «cuna de oro». En la universidad, invita a sus pobres compañeros a su habitación, donde «cena y bebe» con ellos. Se le engatusa y acaricia, y se le llama un glorioso buen tipo, porque es pródigo con su dinero. Ofrece cenas de caza, conduce sus veloces caballos, invita a sus amigos a fiestas y celebraciones, decidido a pasar muchos «buenos ratos». Pasa las noches de juerga y desenfreno, y despide a sus compañeros con la conocida canción *We won't go home till morning*. Consigue que se unan a él para derribar carteles, arrancar puertas de sus goznes y arrojarlas a patios traseros y estanques de caballos. Si la policía los detiene, él los agrede, lo llevan al calabozo y paga alegremente los platos rotos. «Ah, muchachos –grita–, de qué sirve ser rico si no se puede disfrutar». Más bien podría decir: «Si no puedes hacer el ridículo»; pero él es «rápido», odia las cosas lentas y no «lo ve». Los jóvenes cargados con el dinero de otros están casi seguros de perder todo lo que heredan, y adquieren todo tipo de malos hábitos que, en la mayoría de los casos, les arruinan en salud, cartera y carácter. En este país, una generación sigue a otra, y los pobres de hoy son ricos en la siguiente generación, o en la tercera. Su experiencia los lleva a enriquecerse y a dejar grandes riquezas a sus hijos. Estos hijos, criados en el lujo, son inexpertos y se empobrecen; y tras una larga experiencia, llega otra generación y vuelve a acumular riquezas por turnos. Y así «la historia se repite», y feliz es aquel que escuchando la experiencia de otros evita las rocas y los escollos en los que tantos han naufragado. «En Inglaterra, el negocio hace al hombre». Si un hombre en ese país es mecánico o trabajador, no se le reconoce como caballero. Con ocasión de mi primera comparecencia ante la reina Victoria, el duque de Wellington me preguntó en qué esfera de la vida se encontraban los padres del general Tom Thumb (Pulgarcito).

—Su padre es carpintero –respondí.

—¡Oh! Había oído que era un caballero –fue la respuesta de su Gracia.

En este país republicano, el hombre hace el negocio. No importa si es herrero, zapatero, agricultor, banquero o abogado, mientras su negocio sea legítimo, puede ser un caballero. Así que cualquier negocio «legítimo» es una doble bendición: ayuda al hombre que se dedica a él y también ayuda a los demás. El granjero mantiene a su propia familia, pero también beneficia al comerciante o al mecánico que necesita los productos de su granja. El sastre no sólo se gana la vida con su oficio, sino que también beneficia al agricultor, al clérigo y a otros que no pueden confeccionar su propia ropa. Pero todas estas clases a menudo pueden ser caballeros. La gran ambición debe ser superar a todos los demás que se dedican al mismo oficio. El estudiante universitario que estaba a punto de graduarse, le dijo a un viejo abogado:

—Aún no he decidido qué profesión seguiré. ¿Está llena tu profesión?

—El sótano está muy lleno, pero arriba hay sitio de sobra – fue la respuesta ingeniosa y veraz.

Ninguna profesión, oficio o vocación está abarrotada en el piso superior. Dondequiera que se encuentre el más honesto e inteligente comerciante o banquero, o el mejor abogado, el mejor médico, el mejor clérigo, el mejor zapatero, carpintero, o cualquier otra cosa, ese hombre es el más buscado, y siempre tiene bastante que hacer. Como nación, los norteamericanos son demasiado superficiales; se esfuerzan por enriquecerse rápidamente y, por lo general, no hacen sus negocios tan sustancial y minuciosamente como deberían, pero quienquiera que sobresalga a todos los demás en su propia línea, si sus hábitos son buenos y su integridad indudable, no puede dejar de asegurarse abundante patrocinio y la riqueza que naturalmente le sigue. Que vuestro lema sea siempre «Excelencia», porque si lo cumplís no existe la palabra fracaso.

APRENDE ALGO ÚTIL

Todo hombre debe hacer que su hijo o hija aprenda algún oficio o profesión útil, para que en estos días de fortunas cambiantes, cuando se es rico hoy y pobre mañana, puedan tener algo tangible en que apoyarse. Esta disposición podría salvar de la miseria a muchas personas que, por algún giro inesperado de la fortuna, han perdido todos sus medios.

DEJA QUE PREDOMINE LA ESPERANZA, PERO NO SEAS DEMASIADO VISIONARIO

Muchas personas son siempre pobres, porque son demasiado visionarias. Cada proyecto les parece un éxito seguro, y por eso cambian continuamente de un negocio a otro, siempre con el agua al cuello, siempre «bajo la grada». El plan de «el cuento de la lechera» es un error de antiguo, pero no parece mejorar con la edad.

NO DISPERSES TUS ENERGÍAS

Dedícate a un solo tipo de negocio, y cíñete a él fielmente hasta que tengas éxito, o hasta que tu experiencia te muestre que debes abandonarlo. Un martilleo constante en un clavo generalmente lo llevará su sitio, de modo que pueda ser remachado. Cuando la atención indivisa de un hombre se centra en un objeto, su mente estará constantemente sugiriendo mejoras de valor, que se le escaparían si su cerebro estuviera ocupado por una docena de temas diferentes a la vez. Muchas fortunas se han escapado de las manos de un hombre porque estaba ocupado en demasiadas tareas a la vez. La vieja advertencia de estar en misa y repicando a la vez tiene mucho sentido.

SÉ SISTEMÁTICO

Los hombres deben ser sistemáticos en sus negocios. Una persona que hace negocios según las reglas, teniendo un tiempo y un lugar para cada cosa, haciendo su trabajo con prontitud, logrará el doble y con la mitad de problemas que aquel que lo hace descuidada y despreocupadamente. Introduciendo el sistema en todas sus transacciones, haciendo una cosa a la vez, cumpliendo siempre las citas con puntualidad, encontrarás tiempo libre para el pasatiempo y la recreación; mientras que el hombre que sólo hace una cosa a medias, y luego se dedica a otra cosa, y hace eso a medias, tendrá su negocio en cabos sueltos, y nunca sabrá cuándo termina su trabajo del día, porque nunca lo terminará. Por supuesto, todas estas reglas tienen un límite. Debemos tratar de preservar el justo medio, porque existe algo así como ser demasiado sistemático. Hay hombres y mujeres, por ejemplo, que guardan las cosas con tanto cuidado que nunca pueden volver a encontrarlas. Se parece demasiado a la formalidad de la «burocracia» de Washington y a la «Oficina de Circunlocución» del señor Dickens: todo teoría y ningún resultado.

Cuando el Astor House fue inaugurado en la ciudad de Nueva York, era sin duda el mejor hotel del país. Los propietarios habían aprendido mucho en Europa sobre hoteles, y los dueños estaban orgullosos del rígido sistema que impregnaba todos los departamentos de su gran establecimiento. Cuando daban las doce de la noche y había varios huéspedes sin irse a dormir, uno de los propietarios decía: «Toca esa campana, John», y en dos minutos sesenta criados, con un cubo de agua en cada mano, se presentaban en el vestíbulo. «Esto –decía el propietario, dirigiéndose a sus invitados –es nuestra campana de incendios; os demostrará que aquí estamos seguros; lo hacemos todo sistemáticamente». Esto era antes de que se introdujera el agua corriente en la ciudad. Pero a veces llevaban su sistema demasiado lejos. En una ocasión, cuando el hotel estaba abarrotado de huéspedes, uno de los camareros se sintió repentinamente indispuesto, y aunque había cincuenta camareros en el hotel, el propietario pensó que debía tener su dotación completa, o su «sistema» se vería afectado. Justo antes de la hora de cenar, bajó corriendo las escaleras y dijo:

—Tiene que haber otro camarero, me falta uno, ¿qué puedo hacer?

Por casualidad vio al mayordomo irlandés.

—Pat –dijo–, lávate las manos y la cara; coge ese delantal blanco y ven al comedor en cinco minutos.

En seguida Pat apareció como se le pedía, y el propietario dijo:

—Ahora, Pat, debes colocarte detrás de estas dos sillas y atender a los caballeros que las ocuparán; ¿has trabajado alguna vez de camarero?

—Lo sé todo, claro, pero nunca he trabajado de ello.

Como el piloto irlandés, al que en una ocasión el capitán, pensando que se había desviado considerablemente de su rumbo, le preguntó:

—¿Está seguro de que sabe lo que hace?, Pat respondió:

—Seguro, y conozco cada roca del canal. —En ese momento, «bang», la embarcación golpeó contra una roca—. ¡Ah! ¡Jesús!, ésa es una de ellas» –continuó el piloto.

Pero volvamos al comedor.

—Pat –dijo el jefe—, aquí lo hacemos todo sistemáticamente. Primero debes darles a los caballeros un plato de sopa a cada uno, y cuando se lo terminen, pregúntales qué quieren tomar después.

Pat contestó:

—¡Ah!, entiendo perfectamente las variaciones del sistema.

Muy pronto llegaron los invitados. Los platos de sopa fueron colocados ante ellos. Uno de los dos caballeros de Pat se comió su sopa; al otro no le interesó. Dijo:

—Camarero, llévese este plato y tráigame pescado.

Pat miró el plato de sopa que no había probado, y recordando las instrucciones del director en cuanto al «sistema», contestó:

—¡No hasta que se haya comido la sopa!

Por supuesto, eso era llevar el «sistema» demasiado lejos.

LEE LOS PERIÓDICOS

Lleva siempre contigo un periódico de confianza, y así te mantendrás completamente informado de las transacciones del mundo. El que no tiene un periódico está aislado de su especie. En estos días de telégrafos y vapor, se están haciendo muchas invenciones y mejoras importantes en cada rama del comercio, y el que no consulte los periódicos pronto se encontrará a sí mismo y a su negocio abandonados a la intemperie.

CUIDADO CON LAS «OPERACIONES EXTERNAS»

A veces vemos a hombres que han obtenido fortunas volverse pobres de repente. En muchos casos, esto se debe a la intemperancia, y a menudo al juego y a otros malos hábitos. Con frecuencia ocurre porque un hombre se ha dedicado a «operaciones externas» de algún tipo. Cuando se enriquece en su negocio legítimo, se le habla de una gran especulación en la que puede ganar miles de dólares. Se siente constantemente halagado por sus amigos, que le dicen que ha nacido con suerte, que todo lo que toca se convierte en oro. Ahora bien, si olvida que sus hábitos económicos, su rectitud de conducta y una atención personal a un negocio que comprendía fueron la causa de su éxito en la vida, escuchará los cantos de sirena. Dirá: «Pondré veinte mil dólares. He tenido suerte, y mi buena suerte me devolverá pronto sesenta mil dólares». Pasan unos días y se descubre que debe poner diez mil dólares más: poco después se le dice: «Todo está bien», pero ciertos asuntos no previstos exigen un anticipo de veinte mil dólares más, que le reportarán una rica cosecha; pero antes de que llegue el momento de darse cuenta, la burbuja estalla, pierde todo lo que poseía, y entonces aprende lo que debería haber sabido al principio, que por muy exitoso que un hombre pueda ser en su propio negocio, si se aparta de él y se dedica a un negocio que no entiende, es como Sansón, cuando trasquilado de sus mechones su fuerza ha desaparecido, y se vuelve como los demás hombres. Si un hombre tiene mucho dinero, debe invertir algo en todo lo que parezca prometer éxito, y que probablemente beneficiará a la humanidad; pero que las sumas así invertidas sean moderadas en cantidad, y nunca que un hombre ponga en peligro tontamente una fortuna que ha ganado de manera legítima invirtiéndola en cosas en las que no ha tenido experiencia.

NO AVALES SIN SEGURIDAD

Yo sostengo que ningún hombre debe avalar jamás un pagaré o convertirse en garantía de ningún otro hombre, ya sea su padre o su hermano, por una suma mayor de la que pueda permitirse perder y que no le importe en absoluto, sin tomar una buena garantía. He aquí un hombre que vale veinte mil dólares; está haciendo un próspero negocio manufacturero o mercantil; usted está jubilado y vive de sus ahorros; él viene a usted y le dice: «Usted sabe que valgo veinte mil dólares, y no debo un dólar; si tuviera cinco mil dólares en efectivo, podría comprar un lote particular de mercancías y duplicar mi dinero en un par de meses; ¿podría avalar mi pagaré por esa cantidad?». Reflexionas que él vale veinte mil dólares, y no incurres en ningún riesgo endosando su pagaré; te gusta complacerle, y prestas tu nombre sin tomar la precaución de obtener una garantía. Poco después, él te muestra el pagaré con tu endoso cancelado, y te dice, probablemente de verdad, «que ha obtenido el beneficio que esperaba con la operación», tú reflexionas que has hecho una buena acción, y el pensamiento te hace sentirte feliz. Al cabo de un tiempo, vuelve a ocurrir lo mismo y lo haces de nuevo; ya has fijado en tu mente la impresión de que es perfectamente seguro endosar sus pagarés sin garantía. Pero el problema es que este hombre consigue dinero con demasiada facilidad. Sólo tiene que llevar tu pagaré al banco, conseguir que se lo descuenten y llevarse el dinero. Obtiene dinero por el momento sin esfuerzo; sin inconvenientes para sí mismo. Ahora fíjate en el resultado. Ve una oportunidad para especular fuera de su negocio. Sólo necesita una inversión temporal de 10 000 dólares. Es seguro que se recuperará antes de que venza un pagaré en el banco. Te presenta un pagaré por esa cantidad. Lo firmas casi mecánicamente. Estando firmemente convencido de que tu amigo es responsable y digno de confianza, avalas sus pagarés como «algo natural». Desgraciadamente, la especulación no culmina tan pronto como se esperaba y hay que descontar otro pagaré de 10 000 $ para hacer frente al último a su vencimiento. Antes de que venza el último, la especulación ha fracasado y se ha perdido todo el dinero. ¿Le dice el perdedor a su amigo, el endosante, que ha perdido la mitad de su fortuna? En absoluto. Ni siquiera menciona que ha especulado. Pero se ha entusiasmado; el espíritu especulador se ha apoderado de él; ve a otros ganar grandes sumas de esta manera (rara vez oímos hablar de los perdedores), y, como otros especuladores, «busca su dinero donde lo pierde». Vuelve a intentarlo. Endosar pagarés se ha convertido en algo crónico para ti, y en cada pérdida consigue tu firma por la cantidad que quiera. Finalmente descubres que tu amigo ha perdido todos sus bienes y todos los tuyos. Te sientes abrumado por el asombro y la pena, y dices: «Es algo duro; mi amigo me ha arruinado», pero, deberías añadir: «Yo también le he arruinado a él». Si le hubieras dicho en primer lugar: «Te ayudaré, pero nunca te avalaré sin tomar una amplia garantía», él no habría podido ir más allá de la longitud de su correa, y nunca se habría visto tentado a alejarse de su legítimo negocio. Por lo tanto, es algo muy peligroso, en cualquier momento, dejar que la gente se apodere del dinero con demasiada facilidad; les tienta a especulaciones arriesgadas, si no a más cosas. Salomón dijo que «el que aborrece los préstamos es seguro». Lo mismo ocurre con el joven que se inicia en los negocios; que comprenda el valor del dinero ganándolo. Cuando comprenda su valor, entonces allana el camino para ayudarlo a comenzar el negocio, pero recuerda, los hombres que obtienen dinero con demasiada facilidad generalmente no pueden tener éxito. Debes conseguir los primeros dólares esforzándote, y con algún sacrificio, para poder apreciar el valor de esos dólares.

HAZ PUBLICIDAD DE TU NEGOCIO

Todos dependemos, en mayor o menor medida, del público para nuestro sustento. Todos comerciamos con el público: abogados, médicos, zapateros, artistas, herreros, empresarios del espectáculo, directores de ópera, presidentes de ferrocarriles y profesores universitarios. Los que tratan con el público deben tener cuidado de que sus productos sean valiosos, auténticos y satisfactorios. Cuando consigas un artículo que sepas que va a agradar a tus clientes y que, cuando lo prueben, sentirán que han obtenido el valor de su dinero, haz que se sepa que lo has conseguido. Ten cuidado de anunciarlo de una forma u otra, porque es evidente que si un hombre tiene un artículo tan bueno a la venta y nadie lo sabe, no le reportará ningún beneficio. En un país como éste, donde casi todo el mundo lee, y donde los periódicos se publican y circulan en ediciones de cinco mil a doscientos mil ejemplares, sería muy imprudente desaprovechar este canal para llegar al público con la publicidad. Un periódico llega a la familia, y lo leen la esposa y los hijos, así como el cabeza de familia; por lo tanto, cientos y miles de personas pueden leer tu anuncio, mientras tú estás atendiendo tus asuntos rutinarios. Muchos, tal vez, lo lean mientras tú duermes. Toda la filosofía de la vida es, primero «siembra», luego «cosecha». Así hace el agricultor; planta sus patatas y su maíz, y siembra su grano, y luego se dedica a otra cosa, y llega el momento en que siega. Pero nunca cosecha primero y siembra después. Este principio se aplica a toda clase de negocios, y especialmente a la publicidad. Si un hombre tiene un artículo genuino, no hay manera de que pueda cosechar más ventajosamente que «sembrando» en el público de esta manera. Debe, por supuesto, tener un artículo realmente bueno y que complazca a sus clientes; cualquier cosa espuria no tendrá éxito permanente porque el público es más sabio de lo que muchos imaginan. Los hombres y las mujeres somos egoístas, y todos preferimos comprar donde podemos obtener más por nuestro dinero y tratamos de averiguar dónde podemos hacerlo con mayor seguridad. Puedes anunciar un artículo espurio, e inducir a mucha gente a llamar y comprarlo una vez, pero te denunciarán como impostor y estafador, y tu negocio se extinguirá poco a poco y te dejará en la pobreza. Esto es cierto. Pocas personas pueden depender con seguridad de la clientela fortuita. Todos necesitan que sus clientes vuelvan y compren de nuevo. Un hombre me dijo:

—He probado la publicidad y no he tenido éxito; sin embargo, tengo un buen artículo.

Le contesté:

—Amigo mío, puede haber excepciones a una regla general. Pero, ¿cómo se anuncia?

—Lo puse tres veces en un semanario y pagué un dólar y medio por él.

Le contesté:

—Señor, la publicidad es como el aprendizaje: «un poco es algo peligroso».

Un escritor francés dice que «el lector de un periódico no ve la primera mención de un anuncio ordinario; a la segunda inserción, la ve, pero no la lee; a la tercera inserción, la lee; a la cuarta inserción, mira el precio; a la quinta inserción, se lo comenta a su mujer; a la sexta inserción, está dispuesto a comprar, y a la séptima inserción, compra». Tu objetivo en la publicidad es hacer que el público entienda lo que tienes para vender, y si no tienes el valor de seguir haciendo publicidad hasta que hayas impartido esa información, todo el dinero que has gastado está perdido. Eres como el tipo que le dijo al caballero que si le daba diez céntimos le ahorraría un dólar.

—¿Cómo puedo ayudarle tanto con tan poco dinero? –preguntó sorprendido el caballero.

—Empecé esta mañana –hipó el tipo– con la plena determinación de emborracharme, y he gastado mi único dólar para lograr el objetivo, y no lo he conseguido del todo. Diez centavos más de whisky bastarían, y así me ahorraría el dólar ya gastado.

Así que un hombre que hace publicidad debe mantenerla hasta que el público sepa quién es y cuál es su negocio, o de lo contrario el dinero invertido en publicidad se pierde. Algunos hombres tienen un genio especial para escribir anuncios llamativos, que captan la atención del lector a primera vista. Este hecho, por supuesto, da al anunciante una gran ventaja. A veces un hombre se hace popular por un letrero único o una curiosa exhibición en su escaparate, hace poco observé un letrero oscilante que se extendía sobre la acera delante de una tienda, en el que estaba la inscripción en letras sencillas.

NO LEA EL OTRO LADO

Por supuesto que lo hice, al igual que todos los demás, y me enteré de que el hombre había conseguido toda su independencia atrayendo primero al público a su negocio de esa manera y tratando bien a sus clientes después. Genin, el sombrerero, compró la primera entrada para el concierto de Jenny Lind en una subasta por doscientos veinticinco dólares, porque sabía que sería una buena publicidad para él. «¿Quién es el postor?», dijo el subastador, al adjudicar aquella entrada en Castle Garden. «Genin, el sombrerero», fue la respuesta. Aquí estaban miles de personas de la Quinta Avenida, y de ciudades distantes, pertenecientes a las más altas esferas de la sociedad. «¿Quién es Genin, el sombrerero?», exclamaron. Nunca habían oído hablar de él. A la mañana siguiente, los periódicos y el telégrafo habían hecho circular los hechos desde Maine hasta Texas, y de cinco a diez millones de personas habían leído que las entradas vendidas en subasta para el primer concierto de Jenny Lind ascendían a unos veinte mil dólares, y que una sola entrada se vendió a doscientos veinticinco dólares, a «Genin, el sombrerero». Hombres de todo el país se quitaron involuntariamente sus sombreros para ver si tenían un sombrero «Genin» en la cabeza. En un pueblo de Iowa se descubrió que entre la multitud que rodeaba la oficina de correos, había un hombre que tenía un sombrero Genin, y lo mostró triunfante, aunque estaba gastado y no valía ni dos centavos. «Vaya –exclamó un hombre–, tienes un auténtico sombrero Genin; qué suerte tienes». Otro hombre dijo: «Conserva ese sombrero, será una valiosa reliquia para tu familia». Otro hombre de la multitud, que parecía envidiar al poseedor de esta buena fortuna, dijo: «Vamos, danos a todos una oportunidad; ¡sácalo a subasta!». Así lo hizo, y se vendió como recuerdo por nueve dólares y cincuenta centavos. ¿Cuál fue la consecuencia para el señor Genin? Vendió diez mil sombreros más al año durante los seis primeros años. Nueve décimas partes de los compradores le compraron, probablemente, por curiosidad, y muchos de ellos, al ver que les daba un equivalente por su dinero, se convirtieron en sus clientes habituales. Este novedoso anuncio les llamó primero la atención, y luego, como hacía productos, volvieron. No digo que todo el mundo deba anunciarse como lo hacía el señor Genin. Pero digo que si un hombre tiene mercancías a la venta y no las anuncia de alguna manera, lo más probable es que algún día el subastero lo haga por él. Tampoco digo que todo el mundo deba anunciarse en un periódico, o incluso usar «tinta de imprenta». Por el contrario, aunque ese artículo es indispensable en la mayoría de los casos, los médicos y los clérigos, y a veces los abogados y algunos otros, pueden llegar más eficazmente al público de alguna otra manera. Pero es obvio que deben ser conocidos de alguna forma, de lo contrario, ¿cómo podrían ser apoyados?

SÉ EDUCADO Y AMABLE CON TUS CLIENTES

La cortesía y la urbanidad son el mejor capital jamás invertido en un negocio. Los grandes almacenes, los letreros dorados, los anuncios llamativos, todo resultará inútil si tú o tus empleados tratáis a los clientes con brusquedad. La verdad es que cuanto más amable y generoso sea un hombre, más generoso será el patrocinio que se le conceda. «Lo semejante engendra lo semejante». El hombre que da la mayor cantidad de bienes de una calidad correspondiente por la menor suma (aun reservándose una ganancia) generalmente tendrá más éxito a largo plazo. Esto nos lleva a la regla de oro: «como queráis que los hombres hagan con vosotros, así también haced vosotros con ellos», y ellos harán mejor con vosotros que si siempre les tratarais como si quisierais obtener de ellos lo máximo a cambio de lo mínimo. Los hombres que hacen grandes tratos con sus clientes, actuando como si nunca esperaran volver a verlos, no se equivocan. Nunca volverán a verlos como clientes. A la gente tampoco le gusta pagar y que le den una patada. Uno de los acomodadores de mi museo me dijo una vez que tenía intención de pegar a un hombre que estaba en la sala de conferencias en cuanto saliera.

—¿Por qué? –le pregunté.

—Porque dijo que yo no era un caballero –respondió el acomodador.

—No importa –repliqué– él paga por eso, y no le convencerás de que eres un caballero pegándole. No puedo permitirme perder un cliente. Si le pegas, no volverá a visitar el museo, e inducirá a sus amigos a ir con él a otros lugares de diversión en vez de a éste, y así, como ves, yo acabaría perdiendo.

—Pero me ha insultado –murmuró el acomodador.

—Exactamente –repliqué–, y si él fuera el dueño del museo, y tú le hubieras pagado por el privilegio de visitarlo, y él te hubiera insultado, podría haber alguna razón para que tú te resintieras, pero en este caso él es el que paga, mientras que nosotros recibimos, y debes, por lo tanto, soportar sus malos modales.

Mi ujier comentó riendo que esa era sin duda la verdadera política; pero añadió que no se opondría a un aumento de sueldo si se esperaba que abusaran de él para promover mis intereses.

SÉ CARITATIVO

Por supuesto que los hombres deben ser caritativos, porque es un deber y un placer. Pero incluso como una cuestión de política, si no posees un incentivo mayor, encontrarás que el hombre generoso obtendrá patrocinio, mientras que el avaro sórdido y poco caritativo será evitado. Salomón dice: «Hay quien reparte y sin embargo aumenta; y hay quien retiene más de lo necesario, pero tiende a la pobreza». Por supuesto, la única caridad verdadera es la que nace del corazón. La mejor caridad consiste en ayudar a quien está dispuesto a ayudarse a sí mismo. La limosna promiscua, sin indagar la valía del solicitante, es mala en todos los sentidos. Pero buscar y ayudar discretamente a los que luchan por sí mismos es el tipo de caridad que «se dispersa y sin embargo aumenta». Pero no caigas en la idea que algunas personas practican de dar al hambriento una oración en lugar de una patata, y una bendición en lugar de pan. Es más fácil hacer cristianos con el estómago lleno que vacío.

NO DIGAS NADA SOBRE TUS GANANCIAS

Algunos hombres tienen la estúpida costumbre de contar sus secretos empresariales. Si ganan dinero, les gusta contar a sus vecinos cómo lo hicieron. Con esto no se gana nada y a menudo se pierde mucho. No digas nada sobre tus ganancias, tus esperanzas, tus expectativas, tus intenciones. Esto debería aplicarse tanto a las cartas como a las conversaciones. Goethe hace decir a Mefistófeles: «Nunca escribas una carta ni destruyas una». Los hombres de negocios deben escribir cartas, pero deben tener cuidado con lo que ponen en ellas. Si estás perdiendo dinero, sé especialmente cauto y no lo cuentes, o perderás tu reputación.

PRESERVA TU INTEGRIDAD

Es más valiosa que los diamantes o los rubíes. El viejo avaro dijo a sus hijos: «Conseguid dinero; conseguidlo honradamente si podéis, pero conseguid dinero». Este consejo no sólo era atrozmente perverso, sino que era la esencia misma de la estupidez: era tanto como decir: «Si os resulta difícil conseguir dinero honradamente, podéis conseguirlo fácilmente deshonestamente. Conseguidlo de esa manera». ¡Pobre tonto! ¡No saber que lo más difícil en la vida es conseguir dinero deshonestamente! No saber que nuestras prisiones están llenas de hombres que intentaron seguir este consejo; no comprender que ningún hombre puede ser deshonesto sin que pronto se le descubra, y que cuando se descubre su falta de principios, casi todas las vías del éxito se le cierran para siempre. El público rechaza muy apropiadamente a todos aquéllos de cuya integridad se duda. Por muy educado, agradable y complaciente que sea un hombre, ninguno de nosotros se atreve a tratar con él si sospecha «pesos y medidas falsos». La honestidad estricta no sólo está en la base de todo éxito en la vida (financieramente), sino en todos los demás aspectos. La integridad intransigente del carácter es inestimable. Asegura a su poseedor una paz y una alegría que no se pueden alcanzar sin ella, que ninguna cantidad de dinero, o casas y tierras puede comprar. Un hombre que es conocido por ser estrictamente honesto puede ser muy pobre, pero tiene los monederos de toda la comunidad a su disposición, porque todos saben que si promete devolver lo que pide prestado, nunca los defraudará. Por lo tanto, como una mera cuestión de egoísmo, si un hombre no tiene un motivo más elevado para ser honesto, todos encontrarán que la máxima del doctor Franklin nunca dejará de ser cierta, que «la honestidad es la mejor política». Hacerse rico no siempre equivale a tener éxito. «Hay muchos ricos pobres», mientras que hay muchos otros, hombres y mujeres honestos y devotos, que nunca han poseído tanto dinero como el que algunos ricos despilfarran en una semana, pero que, sin embargo, son realmente más ricos y más felices de lo que ningún hombre puede ser mientras sea un transgresor de las leyes superiores de su ser. El amor desmedido al dinero, sin duda, puede ser y es «la raíz de todos los males», pero el dinero en sí, cuando se usa correctamente, no es sólo una «cosa útil para tener en casa», sino que proporciona la gratificación de bendecir a nuestra raza al permitir a su poseedor ampliar el alcance de la felicidad humana y la influencia humana. El deseo de riqueza es casi universal, y nadie puede decir que no sea loable, siempre que quien la posea acepte sus responsabilidades y la utilice como un amigo de la humanidad. La historia de la obtención de dinero, que es el comercio, es la historia de la civilización, y allí donde el comercio ha florecido más, allí también el arte y la ciencia han producido los frutos más nobles. De hecho, en general, los que ganan dinero acaban siendo los benefactores de nuestra raza. A ellos debemos, en gran medida, nuestras instituciones de enseñanza y de arte, nuestras academias, colegios e iglesias. No es argumento contra el deseo o la posesión de riquezas decir que a veces hay avaros que atesoran dinero sólo por atesorarlo y que no tienen más aspiración que apoderarse de todo lo que se pone a su alcance. Así como a veces hay hipócritas en la religión y demagogos en la política, de vez en cuando hay avaros entre los que tienen dinero. Éstas, sin embargo, son sólo excepciones a la regla general. Pero cuando, en este país, encontramos una molestia y un obstáculo como un avaro, recordamos con gratitud que en América no tenemos leyes de primogenitura, y que en el debido curso de la naturaleza llegará el momento en que el polvo acaparado se dispersará en beneficio de la humanidad. A todos los hombres y mujeres, por tanto, les digo concienzudamente: ganad dinero honradamente, y no de otro modo, pues Shakespeare ha dicho en verdad: «El que quiere dinero, medios y contento, carece de tres buenos amigos».

ÍNDICE